SONNETS

DE

PÉTRARQUE

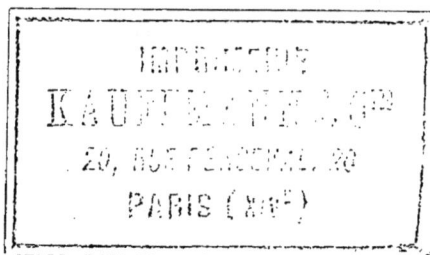

IMPRIMERIE
KAUFFMANN & Cie
20, RUE FÉCHAMP, 20
PARIS (XIIᵉ)

Ce volume,
deuxième de la
Collection
LES LIVRES DE CHEVET
a été tiré
à 1000 Exemplaires
numérotés
300 sur Japon,
700 sur Vélin.

EXEMPLAIRE N°.....

SONNETS A
LAVRE
PETRARQVE

L'ÉDITION DES MILLE
RUE JACQUES-CALLOT — PARIS

Le Poëte s'excuse de la faiblesse de sa passion.

VOUS QUI ÉCOUTEZ MAINTENANT CES SOUPIRS, EXPRIMÉS DANS MES VERS, QUI SOULAGEAIENT AUTREFOIS MON CŒUR AU TEMPS DES PREMIÈRES ERREURS DE MA JEUNESSE, LORSQUE J'ÉTAIS TOUT AUTRE QUE JE SUIS,

VOUS, DIS-JE, QUI ÊTES TÉMOINS DE MES PLAINTES SANS CESSE RENOUVELÉES ET DE MES VAINES ESPÉRANCES : SI VOUS CONNAISSEZ L'AMOUR PAR EXPÉRIENCE, J'ESPÈRE QUE NON SEULEMENT VOUS PARDONNEREZ A LA FAIBLESSE DE MA PASSION, MAIS ENCORE QUE VOUS EN AUREZ PITIÉ.

CEPENDANT JE VOIS BIEN QUE PENDANT LONGTEMPS J'AI ÉTÉ LA FABLE DU PEUPLE, CE DONT J'AI SOUVENT ÉPROUVÉ DE LA CONFUSION ;

ET DE MES FOLIES PASSÉES, CETTE HONTE EST LE FRUIT, AINSI QUE LE REPENTIR ET LA PARFAITE CERTITUDE QUE TOUT CE QUI PLAIT EN CE MONDE N'EST QU'UN SONGE RAPIDE.

SONNETS A
LAVRE
VIVANTE

CE fut le jour où l'on vit les rayons du soleil se voiler par pitié pour le Créateur, que je fus pris soudainement, ma Dame, et que vos beaux yeux m'enchaînèrent.

Je ne croyais pas qu'il fût besoin alors de me défendre contre les coups de l'Amour, et je marchais hardiment et sans soupçon : c'est de ce jour que mes peines commencèrent dans la douleur commune.

L'Amour me trouva tout à fait désarmé et s'ouvrit le chemin de mon cœur par mes yeux, où il a fait couler tant de larmes.

Mais j'estime que ce n'est pas une grande gloire pour lui de m'avoir, en cet état, percé de ses flèches et de ne vous avoir pas même montré son arc, à vous qui étiez armée !

Il dit le temps où commença son amour.

— 9 —

— 10 —

Il raconte son amour.

OULANT se venger de moi et punir en un jour mille offenses, l'Amour prit furtivement son arc, comme un homme qui, pour nuire, attend le lieu et l'heure.

Pour mieux résister, mon courage s'était concentré dans mon cœur et dans mes yeux, où s'émoussaient d'habitude toutes les flèches, quand vint les frapper le coup mortel.

Mais surpris de cette attaque, ce courage n'eut pas le temps ni la vigueur de prendre les armes, comme il l'eût fallu,

Ni de m'entraîner prudemment, loin du danger, vers les montagnes élevées et pénibles, où je voudrais tant — mais ne le puis — me réfugier.

ONTEUX parfois de n'avoir point fait encore de vers pour votre beauté, ma Dame, j'évoque le souvenir du jour où je vous vis pour la première fois, si belle qu'aucune autre ne saurait désormais me plaire.

Je crains que le poids ne soit trop lourd pour ma main, et que ma lime ne sache polir une telle œuvre. Aussi mon esprit, qui connaît les limites de sa force, devient-il de glace pendant ce travail.

Plusieurs fois déjà, j'ai ouvert les lèvres pour parler, mais ma voix s'est arrêtée dans ma gorge : quelles paroles seraient à la hauteur d'un tel sujet ?

Plusieurs fois déjà, j'ai commencé à écrire des vers, mais ma plume, ma main et mon cerveau sont retombés, inertes, au premier assaut.

Il essaie, mais en vain, de chanter la beauté de sa Dame.

— 11 —

Il décrit les charmes de sa Dame le jour où il en devint amoureux.

— 12 —

E n'ai jamais vu le soleil se lever aussi beau dans un ciel sans nuages, ni l'arc-en-ciel après la pluie déployer dans les airs des couleurs aussi charmantes,

Que ce visage, rayonnant de flammes, le jour où me prit l'amoureux tourment, — ce visage auquel rien de mortel ne peut être comparé.

Je vis l'Amour remplir ces beaux yeux de tant de suavité que depuis ce jour tout autre regard m'a paru sans éclat.

Sennuccio, je l'ai vu, tendant si bien son arc, que depuis lors ma vie n'a plus été en sûreté; et pourtant j'aspire à le revoir encore!

ME gentille, pour qui j'ai assemblé tant de rimes, toi qu'anime la plus ardente vertu et qu'embellissent les plus hautes qualités, toi en qui l'honneur trouva toujours un refuge assuré,

O flamme, ô roses, écloses parmi de tendres flocons de neige vive, que je contemple et qui me réconfortent, ô bonheur de m'élever de mes ailes vers ce beau visage plus resplendissant que le soleil ;

V otre nom remplirait le monde, du Nil à l'Atlas et l'Olympe, si mes vers pouvaient être compris aussi loin.

M ais puisque je ne puis le faire résonner aux quatre coins du monde, on l'entendra au beau pays que partage l'Apennin et que limitent la mer et les Alpes.

Il célèbre la vertu de sa Dame, et voudrait que le monde fût rempli de son nom.

— 13 —

Il loue les vertus et la beauté de Laure.

EN quelle partie du ciel, en quel cerveau était le modèle d'où la Nature a tiré ce beau visage si gracieux dans lequel elle a fait paraître ici-bas ce dont elle est capable là-haut ?

Quelle nymphe dans une fontaine, quelle déesse dans une forêt déploya jamais au vent chevelure d'or si fin ? Quel cœur réunit jamais tant de vertus, quoique la plus sublime d'entre elles soit cause de ma mort ?

C'est en vain qu'il croit trouver une beauté divine, celui qui n'a jamais vu ses yeux lorsqu'Elle les tourne si doucement !

Celui qui ne sait pas combien sont doux ses soupirs, douce sa parole et doux son sourire, celui-là ne sait pas comment l'Amour guérit et comment il tue.

ES cheveux d'or étaient épars et les vents en s'y jouant y faisaient mille boucles charmantes ; la lumière de ses beaux yeux, — aujourd'hui si avares de leurs regards, — brillait d'un feu sans égal.

Son visage — était-ce vrai, était-ce faux ? — semblait se colorer d'une douce pitié ; quoi d'étonnant si je brûlai soudain, moi qui avais tant de penchant à l'amour ?

Sa démarche tenait plus d'un ange que d'une mortelle, et le son de sa voix avait quelque chose de plus doux qu'une voix humaine.

Un esprit céleste, un soleil brillant, voilà ce que je vis alors. Et quand il n'en serait plus ainsi maintenant, l'effet produit en mon cœur n'en persiste pas moins, plus vif que jamais : une plaie ne guérit pas parce que l'arc est détendu...

*Il chante la su-
prême beauté et
la suprême pureté
de sa Dame.*

— 16 —

LES étoiles et le ciel et les éléments ont mis tout leur art, ont déployé tout leur extrême soin à former cette vive lumière, à nulle autre pareille, en qui se mirent la terre entière et le soleil.

L'œuvre est si élevée, si gracieuse et si nouvelle, que le regard des mortels n'ose la fixer, tant l'Amour a mis de grâce et de douceur dans ses yeux.

L'air qu'ils traversent de leurs doux rayons se pénètre de pureté, au point de rendre meilleures nos paroles et nos pensées.

Loin de faire naître des sentiments mauvais, ils n'inspirent que l'honneur et la vertu. Y eut-il jamais de beauté si noble, capable de vaincre aussi complètement le vil désir ?

ES beaux yeux, qui m'ont blessé de telle sorte que ni le suc des herbes, ni les arts magiques, ni les pierres d'outre-mer ne pourraient me guérir,

Il loue les beaux yeux de Laure.

M'ont tellement ôté le désir d'en aimer d'autres qu'un seul doux penser charme mon âme ; si je semble en dire trop, pardonnez à ma langue, car elle suit en cela le sentiment de mon cœur.

Ce sont ces beaux yeux qui font que l'Amour est partout victorieux, et particulièrement contre moi-même.

C'est le feu de ces beaux yeux, dont les étincelles sont toujours allumées dans mon cœur, qui fait que je ne me lasse jamais de parler d'eux.

*En tous lieux il
a toujours présents
les yeux de Laure
qui l'éblouissent.*

— 18 —

E ne vois point de lieu où désormais je pourrais me retirer : si longue est la guerre que me font ses beaux yeux, que je crains, hélas ! que mes trop grands tourments ne brisent mon cœur privé de repos.

Je voudrais fuir ; mais leurs amoureux rayons resplendissent si fort nuit et jour en mon cœur, qu'après dix années, ils m'éblouissent plus encore qu'au premier jour.

Leur image est partout si répandue que je ne puis aller nulle part sans les retrouver ou sans voir la lumière qui vient d'eux.

C'est un laurier unique qui a fait naître cette forêt où l'Amour, par un artifice admirable, m'égare parmi les branches et me fait errer à son gré.

AMAIS un marin plein de fatigue n'a cherché au port un refuge contre les fureurs d'une violente tempête, comme je fuis les pensers noirs et désolés, où m'entraînent mes désirs infinis.

Et jamais vue mortelle n'a été vaincue par une lumière divine, comme la mienne par le rayon hautain de ces yeux doux, charmants, calmes et brillants, où l'Amour dore et aiguise ses traits.

J'y vois ce dieu: il est clairvoyant et armé, nu autant que le permet la pudeur; c'est un éphèbe qui a des ailes: il n'existe pas seulement en peinture, il est vivant.

C'est dans ces beaux yeux qu'il me fait voir ce qu'il cache à tout autre: car c'est là que je lis tout ce que je dis et tout ce que j'écris sur l'Amour.

Il décrit les effets que font en lui les yeux de Laure.

— 19 —

Il célèbre les grâces de sa Dame et surtout la beauté de ses yeux.

E quelle veine assez riche l'Amour a-t-il pris l'or de ses tresses blondes ? Sur quels buissons a-t-il cueilli ces roses, en quelle plaine a-t-il ramassé cette neige, à laquelle il a donné le pouls et l'haleine ?

Où a-t-il pris ces perles, au travers desquelles s'égrènent ces paroles douces, pudiques et précieuses ? D'où viennent toutes les divines beautés de ce front, plus serein que le ciel ?

De quels anges et de quelle sphère émane cette voix céleste, qui par ses enchantements me trouble et me consume ?

De quel soleil naquit la sublime lumière de ces beaux yeux, d'où viennent tour à tour mon trouble et mon repos et qui glacent et brûlent mon cœur ?

UAND son pied candide et charmant foule doucement l'herbe fraîche, il semble que se répande autour de ma Dame je ne sais quelle vertu qui fait éclore et se renouveler les tendres fleurs.

Il loue la démarche, la voix, le regard et l'attitude de Laure.

— 21 —

L'Amour, qui ne s'attaque qu'aux nobles cœurs et dédaigne d'exercer son pouvoir sur les autres, fait découler de ces beaux yeux une telle grâce, que je n'ai souci d'aucun autre bonheur et que je me contente de ce seul bien.

Sa voix suave et son attitude, modeste et digne à la fois, s'accordent avec sa démarche gracieuse et son regard charmant.

De ces quatre étincelles — elles ne sont pas les seules — naît la flamme infinie, qui me consume et me fait vivre, tel un oiseau de nuit devant le soleil.

ARRÊTONS-NOUS, Amour, à regarder Celle qui fait toute notre gloire et dont le mérite est sublime et surnaturel; vois quel charme est en elle, contemple cette lumière que le ciel a prêtée à la terre.

Considère l'art qui se dégage des vêtements couverts d'or, de perles et de pourpre, qu'elle a choisis et qu'on n'a jamais vus ailleurs; vois avec quelle douceur se meuvent ses pas et ses regards parmi ces collines ombreuses.

L'herbe verte et les fleurs de mille couleurs poussées à l'abri de ces chênes antiques et sombres, semblent la prier de daigner les fouler de ses pieds.

Et le ciel brille autour d'elle d'ardentes et éblouissantes étincelles, et semble se réjouir de la clarté que lui donnent ses si beaux yeux.

ES grâces, que le ciel n'accorde qu'à peu de mortels, cette vertu qui surpasse les forces humaines, cette maturité de caractère sous des cheveux blonds, cette beauté sublime et divine en une humble femme,

Il loue les grâces de sa Dame.

— 23 —

Ce charme rare et surprenant, cette voix qui pénètre jusqu'à l'âme, ce port majestueux, cet esprit ardent et vif, à qui rien ne résiste et qui domine toute grandeur,

Ces beaux yeux, assez puissants pour fondre tous les cœurs, éclairer l'abîme des ténèbres et arracher les âmes des corps pour les attirer à eux,

Ce parler plein de douceur et d'intelligence, ces soupirs suavement entrecoupés : tels sont les magiciens qui m'ont métamorphosé.

Il admire sa Dame aimée pour toutes ses qualités.

'AMOUR et moi, comme remplis d'étonnement à la vue d'une merveille, nous sommes en admiration devant Elle, lorsqu'elle parle ou qu'elle rit : nulle autre qu'elle-même ne lui ressemble.

Dans la belle clarté qui tombe de ses calmes sourcils, mes deux fidèles étoiles brillent d'un tel éclat, que tout cœur, désireux d'aimer d'une noble affection, ne saurait suivre d'autre lumière.

Quelle merveille, quand sur l'herbe, telle une fleur, elle repose et presse sur son chaste sein une fraîche branche d'aubépine !

Quelle douceur de la voir, au printemps, seule et pensive, tressant une couronne pour l'or de ses cheveux bouclés !

ANG noble, vie humble et calme, cœur pur allié à l'intelligence la plus élevée, expérience de l'âge avancé en une jeune fleur, esprit enjoué sous une apparence pensive, voilà ce qu'a réuni en ma Dame

Il fait l'éloge de sa Dame, belle d'âme et de corps.

— 25 —

Son astre, ou plutôt le Roi des astres : à elle encore les justes louanges, les hommages sincères, la suprême estime et tant de qualités, à lasser le plus divin poète !

L'amour en elle est joint à l'honnêteté, l'élégance de sa parure à sa beauté naturelle : son attitude parle par son silence même.

Et ses yeux pourraient aisément obscurcir le jour et éclairer la nuit, rendre le miel amer et adoucir l'absinthe.

— 26 —

Il dit le plaisir qu'il a d'entendre et de voir Laure.

JE repais mon esprit d'une si noble nourriture que je n'envie point à Jupiter son nectar ni son ambroisie : je n'admire que ma Dame, et buvant le Léthé tout entier, j'oublie toutes les autres douceurs.

Lorsque je l'entends parler, son langage s'imprime dans mon cœur qui toujours y trouve matière à soupirer ; je me sens comme ravi en extase par l'Amour vers je ne sais quelles régions, et je goûte en même temps une double suavité :

Cette voix, qui charme même le ciel, résonne en paroles si chères et si gracieuses que quiconque ne l'a pas entendue ne pourrait se l'imaginer,

Tandis qu'apparaît visiblement à mon regard tout ce qu'ici-bas l'art, le génie, la nature et le ciel peuvent réaliser de plus beau.

BELLE main, qui me tiens le cœur serré et renfermes ma vie dans un si petit espace, main où la Nature et le Ciel ont mis toute leur étude et tous leurs trésors, pour faire admirer leur pouvoir,

Doigts mignons et délicats, qui ressemblez en couleur à cinq perles d'Orient, durs et cruels seulement pour mes blessures, l'Amour vous laisse nus un moment pour me permettre de m'enrichir à vos dépens.

Gant blanc et charmant, qui recouvres un ivoire si pur et de fraîches roses, qui vit jamais au monde si douces dépouilles ?

Que ne puis-je avoir aussi son beau voile ! O inconstance des choses humaines : ce n'est qu'un larcin que j'ai commis, et voici qu'on vient déjà me le reprendre !

Ayant dérobé un gant à sa Dame, il fait l'éloge de sa main nue.

— 27 —

Il compare Laure au soleil et dit que le règne de l'Amour finira avec elle.

— 28 —

S I gracieuses et si belles que soient toutes les dames parmi lesquelles se montre celle qui n'a pas sa pareille au monde, il en est d'elles, lorsqu'apparaît son beau visage, comme des étoiles devant le soleil.

Il s'emble que l'Amour me dise tout bas à l'oreille : « Tant qu'elle sera au monde, la vie sera belle, après elle s'assombrira ; nous verrons alors disparaître les vertus et finir mon règne.

Comme si la Nature enlevait au ciel la lune et le soleil, à l'air le vent, à la terre l'herbe et le feuillage, à l'homme l'intelligence et la parole,

Et à la mer les poissons et l'onde, ainsi et même davantage, s'obscurcirait l'univers, si la mort nous privait de ses yeux en les fermant. »

ORSQUE, parmi d'autres dames, l'Amour vient se montrer sur son visage, plus elle l'emporte sur les autres beautés, plus s'accroît le désir qui m'enamoure.

JE bénis le temps et le lieu et l'heure où mes yeux portèrent leur vue si haut, et je dis : « O mon âme ! Quelles grâces ne dois-tu pas rendre, toi qui as été jugée digne d'un tel honneur ! »

C'est Elle qui fait naître dans mon cœur cet amoureux penser qui, lorsque je le suis, me conduit au souverain Bien et me fait mépriser ce que recherchent tant les hommes.

C'est Elle qui m'inspire ce noble courage, qui me guide vers le Ciel par la route assurée, où je vais déjà tout enorgueilli d'espérance.

Plus sa Dame l'emporte sur les autres beautés, plus s'accroît son amour pour elle.

— 29 —

Il célèbre Laure
et la préfère à
toutes les belles
des temps anti-
ques.

— 30 —

EN un tel astre j'ai vu deux beaux yeux, pleins de pureté et de douceur qu'auprès de ces gracieux nids d'amour, mon cœur las dédaigne tout le reste.

QUE celles qui ont été le plus estimées dans les siècles passés ne se présentent pas pour lui être comparées : ni celle dont l'éclatante beauté jeta la Grèce dans les plus grands malheurs et causa la perte de Troie,

Ni la belle Romaine qui perça d'un glaive son corps chaste et dédaigneux, ni Polixène, Hypsipyle ou Argie !

Cette rare beauté fait honneur — si je ne me trompe — à la Nature ; elle est toute ma joie ! Mais quoi ? Elle est lente à venir et s'en va bien vite.

LEXANDRE, près du tombeau du fier Achille, dit en soupirant : « O héros trop heureux d'avoir rencontré une trompette aussi retentissante pour célébrer si magnifiquement ta gloire ! »

Mais cette pure et blanche colombe, qui n'eut jamais de pareille au monde, reçoit bien peu d'éclat de mes faibles vers : ainsi chacun a sa destinée.

Elle est digne d'Homère et d'Orphée, ou du pasteur qu'honore encore Mantoue : c'est elle uniquement qu'ils eussent célébrée.

Une mauvaise étoile, seule coupable, a confié ce rôle à un adorateur, qui, peut-être, nuit à sa gloire en chantant ses louanges...

Il se plaint de son style, trop faible pour louer sa Dame.

— 31 —

Il s'excuse de ce qu'en passant au-près de Laure il fut un peu lent à la saluer.

— 32 —

JE crains tant l'assaut de vos beaux yeux, en lesquels réside l'Amour et ma mort, que je les fuis comme l'enfant fuit les verges ; et ce n'est pas la première fois que je les évite.

Désormais, il n'est pas de lieu élevé ou dangereux où je ne veuille me rendre, pour ne pas rencontrer ces yeux qui m'enlèvent l'usage de mes sens et me laissent froid comme le marbre.

Ce n'est donc pas une faute indigne d'excuse si je me suis retourné un peu tard pour vous voir, dans la crainte de me rapprocher de ce qui me fait mourir.

Bien plus : m'être retourné vers ce que tout autre aurait fui, et avoir surmonté en mon cœur une pareille frayeur, n'est-ce pas là une faible preuve de ma foi ?

ES vallons, dès le point du jour, sont réveillés par les chants nouveaux et les plaintes des oiseaux, mêlés au murmure des ruisseaux étincelants et rapides, dont le cristal glisse le long des rives fraîches.

L'Aurore, au teint de neige et aux cheveux d'or, dont les amours furent toujours exempts de ruses et de détours, me réveille au son d'une amoureuse harmonie, en peignant les cheveux blancs de son vieil époux.

Je me lève alors pour la saluer ainsi que le soleil qui la suit, et surtout cet autre soleil, dont la lumière m'a ébloui dès mes jeunes années et m'éblouit encore aujourd'hui.

Je les ai vus se lever quelquefois ensemble : en un même instant j'ai vu l'un faire disparaître les étoiles et disparaître lui-même devant l'autre !

Quand Laure se lève, le soleil disparaît.

— 33 —

LORSQUE je la vis pâlir et que son sourire se couvrit d'un nuage langoureux, mon cœur en fut si vivement touché que mon visage pâlit comme le sien.

Je connus alors comment au paradis les bienheureux se voient l'un l'autre; et sa pensée compatissante se manifesta de telle sorte que moi seul je pus la discerner, moi qui ai toujours les yeux fixés sur elle.

Le regard le plus angélique, l'attitude la plus modeste de toute femme qui aime ne sont rien en comparaison de ce que je vis alors chez ma Dame.

Elle baissait vers la terre son beau regard et semblait me dire, dans son profond silence: « Pourquoi mon fidèle ami se sépare-t-il de moi ? »

L m'a été donné de voir sur terre un ange à la céleste beauté, unique au monde ; et ce souvenir me remplit de bonheur et de tristesse aussi, car il me semble que tout ne fut que rêve, ombre et fumée.

Les pleurs de Laure excitent l'envie du soleil.

— 35 —

Et j'ai vu pleurer ces deux beaux yeux, à rendre mille fois jaloux le soleil ; et j'ai entendu s'exhaler de sa bouche des paroles et des soupirs à émouvoir les montagnes et arrêter le cours des fleuves.

L'amour, la vertu, la pitié et la tristesse faisaient de ces paroles le concert le plus doux qu'il soit possible d'entendre.

Et le ciel était si attentif à cette suave harmonie qui imprégnait l'air et la brise, que pas une feuille ne s'agitait sur les branches.

S I vive est l'impression qu'a laissée en mon cœur ce jour, à jamais pénible et sacré, que nul génie, nulle plume ne pourraient la décrire; et mon souvenir s'y reporte sans cesse.

Sa noble attitude, empreinte de pitié, ses lamentations, tristes et douces à la fois, me faisaient douter si c'était une mortelle ou une déesse qui répandait autour d'elle cette sérénité.

Sa chevelure était de l'or le plus fin, son visage disputait sa blancheur à la neige, ses cils étaient noirs comme l'ébène, et de ses deux yeux, tels deux étoiles, l'Amour lançait ses traits.

Sa bouche, d'où la douleur, longtemps contenue, s'exhalait en paroles ardentes et nobles semblait de perles et de roses vermeilles; ses soupirs étaient de flamme et ses larmes de pur cristal...

JE me retourne à chaque pas, le corps chargé de lassitude, et je trouve alors, à respirer votre air, la force de repartir plus loin, en disant : Hélas !

Puis je songe au doux bonheur que je quitte, au chemin si long et à la vie si courte : j'arrête alors mes pas, tremblant et épouvanté, et je pleure, les yeux baissés à terre.

Souvent, en proie à la tristesse, un doute vient m'assaillir : « Ce corps peut-il vivre loin de son âme ? »

Mais l'Amour me répond : « As-tu oublié que c'est le privilège des amants d'être affranchis des lois de l'existence humaine ? »

Eloigne de Laure, il décrit les sentiments divers qui l'agitent.

— 37 —

La vue de Vaucluse lui fait oublier les dangers qu'il a courus.

ICI, cher Sennuccio, où je ne suis qu'à demi — que n'y suis-je tout entier, et content de te voir, — je suis venu fuir la tempête et l'ouragan qui succédèrent immédiatement à mon départ.

Ici je suis en sûreté, et je veux te dire pourquoi je n'appréhende plus comme de coutume la foudre, et pourquoi, loin de voir ici ma passion éteinte, je ne l'ai pas trouvée seulement diminuée.

Aussitôt que je fus arrivé en ce pays d'amour, où naquit cette Laure douce et pure, qui apaise l'air et chasse les orages,

L'Amour aussitôt a rallumé dans mon âme, où elle règne en maîtresse, la flamme dont je brûle et dissipé en même temps la peur. Que serait-ce alors si je voyais les yeux de ma Dame !

PARMI les forêts inhospita-
lières et sauvages où les
hommes, même armés, cou-
rent de grands dangers, je
vais sans crainte; car rien
ne me saurait émouvoir,
sinon le rayon brûlant de
l'Amour.

*En traversant
la forêt des Ar-
dennes, il prend
plaisir à songer à
sa Dame.*

— 39 —

Je vais en chantant — pauvre insensé ! —
celle dont le ciel même n'est pas capable de
me séparer: je l'ai si fixement devant les yeux,
qu'il me semble l'apercevoir ici environnée de
jeunes femmes...

Lorsque j'entends le bruit des branches
agitées par le vent, le chant des oiseaux et
le murmure des ruisseaux qui s'enfuient dans
l'herbe verte, il me semble que c'est elle.

Jamais profond silence ni solitude affreuse
d'une forêt remplie d'ombre n'auraient eu
pour moi tant de charmes, si ce n'était que je
reste trop longtemps privé de mon Soleil !

Pô, sur tes eaux puissantes et rapides, tu peux bien emporter mon corps, mais l'âme qui y réside n'a pas souci de ta force ni d'aucune autre.

Sans louvoyer à droite ni à gauche, elle fend l'espace vers le désir qui l'attire : elle vole à travers les feuillages dorés et dépasse l'eau et le vent, et la voile et la rame.

Fleuve altier et superbe, roi des autres fleuves, qui vas à l'encontre du soleil vers le levant, et laisses au couchant une plus belle lumière,

Tu n'emportes avec toi que mon corps, tandis que mon âme s'en retourne en volant sur les ailes de l'Amour vers son doux séjour.

'AI beau m'éloigner de ces douces collines qui fuient devant moi, la meilleure partie de moi-même y demeure, mon esprit ne saurait les abandonner; l'Amour m'accompagne partout où je vais.

Partant en Italie, son esprit demeure à Vaucluse près de sa Dame.

— 41 —

Souvent je m'étonne de ce que, marchant continuellement, je ne me soie pas encore délivré du beau joug que j'ai plusieurs fois tenté de secouer; mais au contraire, plus je m'éloigne, plus je m'en sens rapproché.

Comme un cerf qui, frappé par la flèche, s'enfuit portant en son flanc le fer empoisonné et accroît sa douleur par sa fuite même,

De même j'emporte, enfoncé dans mon cœur, ce trait qui me tue et me plaît tout à la fois, et épuisé par la fuite, je meurs de douleur.

Il se plaint d'être éloigné de Laure et de passer jours et nuits en de continuels tourments.

— 42 —

JAMAIS passereau dans son nid, jamais bête sauvage dans les bois ne furent si seuls que je le suis, car je ne vois plus ce beau visage; je ne connais pas d'autre soleil et mes yeux n'ont point d'autre objet.

Toujours pleurer est mon bonheur suprême, rire est ma suprême douleur; la nourriture m'est une absinthe et un poison; la nuit m'est une angoisse; le ciel le plus clair est sombre pour moi et mon lit ne m'est qu'un dur champ de bataille.

Le sommeil est véritablement, comme on le dit, frère de la mort, puisqu'il dérobe à mon cœur cette douce pensée qui le fait vivre!

Il n'est que vous d'heureux au monde, pays charmant, vertes rives, plaines fleuries et ombreuses: vous possédez mon bien, et moi je le pleure!

En allant sur le Rhône vers Avignon, il prie le fleuve de saluer sa Dame.

LEUVE rapide, Rhône venu des Alpes, qui tire ton nom de la violence avec laquelle tu *ronges* ton rivage et qui descends nuit et jour avec moi là où la Nature te mène et où l'Amour me conduit,

Devance-moi donc, car ta course n'est arrêtée ni par la lassitude, ni par le sommeil ; et avant de payer à la mer le tribut de tes eaux, arrête-toi où les prés sont plus verts et l'air plus serein.

C'est là qu'est mon vif et doux soleil, qui pare ta rive sénestre de tant de fleurs : peut-être — ô quel espoir ! — a-t-Elle quelque chagrin de mon retard ?

Baise son pied ou sa belle main blanche, et dis-lui en ton langage que mon corps ne saurait suivre l'ardeur et la vitesse de mon désir !

*Depuis le pre-
mier jour où il vit
Laure son amour
ne fit que croître.*

— 44 —

A brise sereine, qui mur mure à travers les verts branchages et vient me caresser le visage, me fait ressouvenir de ce jour, où l'Amour me fit la pre- mière blessure, si douce et si profonde.

Je revois ce gracieux visage que le dédain ou la défiance me tiennent caché, et ces cheveux, tantôt retenus dans un réseau de perles et de pierreries, tantôt dénoués et flottants en tresses blondes.

Elle les déployait avec tant de grâce, elle les rassemblait avec des mouvements si char- mants, que mon esprit tremble encore à ce souvenir.

Le temps les a maintenant tordus en nœuds plus solides, qui me serrent le cœur d'un lien si puissant, que seule la mort pourra m'en délivrer.

ÉNIS soient le jour, et le mois, et l'année, et la saison, et l'heure et le moment, bénis soient le cher pays et le lieu où je fus ébloui par ces deux beaux yeux qui m'ont enchaîné !

Il bénit tout ce qui lui rappelle son amour.

— 45 —

Bénie la douce angoisse, qui me prit la première fois que l'Amour descendit en moi, bénis l'arc et les flèches qui me frappèrent, et les blessures qui pénétrèrent jusqu'en mon cœur !

Bénies toutes les poésies que j'ai éparpillées çà et là en disant le nom de ma Dame, bénis mes soupirs, et mes larmes, et ma passion !

Et bénis tous mes écrits consacrés à sa gloire, bénis mes pensers dont elle est l'unique objet !

*Il dit pourquoi
et en quel temps
il a aimé Laure.*

— 46 —

E désir me pique, l'Amour me guide et me conduit, le plaisir m'attire, l'habitude m'entraîne, l'espérance me flatte et m'encourage, et tend une main secourable à mon cœur déjà lassé et sans force.

Le malheureux la saisit et ne s'aperçoit pas que Celui qui nous mène est un guide aveugle et sans foi, que les désirs succèdent les uns aux autres, et que les sens, qui doivent obéir à la raison, en sont devenus les maîtres.

La vertu, l'honneur, la beauté, les gracieuses manières et les douces paroles furent les charmes qui me captivèrent et m'attachèrent si fortement à ma Dame.

Ce fut justement vers la première heure, le sixième jour d'avril, en l'an mil trois cent vingt-sept, que j'entrai dans ce labyrinthe, d'où je ne vois aucun moyen de sortir !

LIEU plus fortuné que tout autre, où je vis un jour l'Amour arrêter ses pas et diriger vers moi ces beaux yeux, ces saintes lumières qui, dans l'air, répandent autour d'elles une telle sérénité !

Il célèbre le lieu où il rencontra Laure pour la première fois.

— 47 —

Le temps entamera plutôt une statue de diamant, que ne s'effaceront de mon esprit ce port et cette douce majesté, dont ma mémoire et mon cœur sont remplis.

Je ne te verrai jamais sans m'incliner pour chercher avec soin les traces que ses beaux pieds firent en ce séjour heureux.

Que si, mon cher Sennuccio, son cœur valeureux n'est pas insensible à l'Amour, prie-la, quand tu la verras, de me faire la grâce de quelque petite larme ou d'un soupir !

*Il aime et il ai-
mera toujours le
temps où il devint
amoureux.*

— 48 —

J'AI toujours aimé, j'aime encore et j'aimerai de jour en jour davantage ce doux lieu où je retourne pleurer toutes les fois que l'Amour m'accable.

Et je veux aimer le temps et le moment qui m'ôtèrent de l'esprit toute pensée vile ; je veux aimer plus encore Celle dont le beau visage m'enflamme et m'excite à de grandes choses.

Mais qui aurait pensé trouver ligués ensemble, pour assaillir mon cœur de toutes parts, ces doux ennemis que j'aime tant ?

Amour, je ne puis plus résister à tes armes ; et si l'espérance ne fortifiait mon désir, je succomberais, alors que je désire le plus vivre.

ÉLAS, quand l'Amour vient me tourmenter, et c'est plus de mille fois nuit et jour, je reviens à l'endroit où je vis luire ces étincelles qui ont allumé en mon cœur une flamme éternelle.

Qu'il soit l'heure de none ou de vêpres, que ce soit l'aube ou le crépuscule, si grand est mon apaisement alors, si calme est devenu mon esprit, que je ne me souviens ni ne me soucie de rien d'autre.

Le souffle si suave qu'exhale la bouche charmante de Laure lorsqu'elle parle, produit comme une limpide clarté partout où il se fait sentir.

Il semble qu'il y ait, dans cet air qui me réconforte, un gentil esprit venu du Paradis, si bien que mon cœur affaibli ne peut plus respirer ailleurs...

Quand il est tourmenté par l'Amour, il s'apaise en pensant à Laure.

— 49 —

Il loue sa Dame
et envie le bon-
heur du lieu où
elle a passé.

— 50 —

COLLINE fraîche, ombreuse, fleurie et verdoyante, où tantôt rêvant, tantôt chantant, se repose Celle dont la renommée s'étend dans le monde entier et qui témoigne ici-bas de l'existence des esprits célestes !

Mon cœur, qui m'abandonne pour la suivre — et il a bien raison, surtout s'il ne la quitte jamais plus, — va cherchant les endroits où l'herbe fut foulée par ses beaux pieds et arrosée de ses larmes.

Il la suit de près et lui dit à chaque pas : « Que n'est-il ici pour quelques moments ce malheureux, si las de pleurer et de vivre ! »

Mais elle, elle se met à rire... Votre fortune est bien différente de la mienne, ô lieux sacrés, heureux et doux : vous êtes un paradis ; et moi, privé de mon cœur, je suis tel une statue de pierre !

HEUREUSES et charmantes fleurs, herbes fortunées, que ma Dame a coutume de fouler de ses pas rêveurs, plaines qui entendez ses douces paroles et gardez les traces de ses beaux pieds,

Souples arbrisseaux, jeunes et verdoyantes feuilles, pâles et amoureuses violettes, forêts ombreuses, que dore le soleil et qui vous dressez hautes et superbes,

Suave contrée, pure rivière qui baigne son beau visage et ses yeux brillants, et dont la vive lumière se réfléchit en toi,

Combien je vous envie d'être les témoins de ses chères et pures actions ! Il n'est certes pas parmi vous un seul rocher qui ne s'attendrisse et ne brûle pour elle à mon exemple.

Il envie le bonheur de toutes les choses qui entourent Laure.

— 51 —

Il porte envie à la brise qui souffle.

RISE, qui te joues dans cette chevelure blonde et bou-clée, qui agites et épar-pilles cet or charmant et puis le rassembles en nœuds gracieux,

Tu as le bonheur de baiser ces yeux dont l'éclat me pénètre au point de le ressentir jus-qu'ici et de pleurer; et vacillant, je cherche mon trésor, mais hélas! j'embrasse l'ombre pour le corps.

Tantôt je crois la retrouver, tantôt je m'aperçois que je suis loin d'elle; tantôt je m'élève à la suite de mon rêve, tantôt je retombe vers la réalité.

Heureux le zéphyr qu'illumine ce beau et vif rayon! Et toi, rivière claire et courante, que ne puis-je suivre ton cours!

O DOUX regards, ô propos aimables, quand viendra-t-il le jour où je vous verrai, où je vous entendrai? O blonde chevelure, avec laquelle l'Amour a enchaîné mon cœur, pour le traîner à la mort,

Il souhaite ardemment voir et entendre sa Dame, et se plaint de la Destinée qui l'en tient éloigné.

— 53 —

O beau visage, que le cruel Destin m'a donné de connaître, qui me fais verser tant de pleurs, sans m'apporter la moindre joie, ô douce illusion, ô amoureuse tromperie, quand donc me serez-vous favorables?

Hélas! Si par hasard il m'arrive de recevoir quelque chaste faveur de ses beaux yeux suaves, où habitent ma vie et ma pensée,

Soudain la Destinée, attentive à briser mon bonheur et à me faire le mal, m'envoie chevaux ou navires pour que je m'éloigne.

*Il se propose
plusieurs ques-
tions amoureuses.*

— 54 —

S I ce n'est pas l'amour, qu'est-ce donc que je sens? Si c'est l'amour, ô Dieu, que je sache ce que c'est! Si c'est un bien, d'où vient qu'il cause de si mortelles douleurs? Si c'est un mal, d'où vient qu'on trouve tant de douceurs à ses tourments?

S i c'est volontairement que je brûle, pourquoi pleurer et soupirer? Si c'est malgré moi, à quoi sert de me lamenter? O mort aigüe, ô mal délicieux, comment avez-vous tant de pouvoir sur moi contre mon consentement?

M ais si j'y consens, c'est à tort que je me plains. Au milieu de vents contraires, en pleine mer, je me trouve sur une frêle barque, sans gouvernail,

S i léger de savoir, si lourd d'erreur, que j'ignore moi-même ce que je veux : je tremble au milieu de l'été et je brûle en plein hiver!

MOUR, j'avais si souvent éprouvé tes pièges, tes fausses promesses et tes griffes cruelles, que je savais fort bien que la prudence humaine n'a jamais servi de rien contre toi.

*Il ne peut se dé-
livrer de l'Amour.*

— 55 —

Mais je veux le redire encore, comme un homme qui ne l'a que trop senti et qui vient tout nouvellement d'en faire l'expérience sur les ondes salées, entre le rivage de la Toscane et les îles d'Elbe et de Giglio.

Je fuyais tes mains cruelles, et ballotté par les vents, le ciel et les ondes, je m'en allais, voyageur inconnu,

Lorsque, je ne sais d'où, survinrent tes envoyés, pour me faire comprendre qu'il est mauvais de résister et de se dérober à sa destinée.

*Il s'excuse de
ne pouvoir oublier
Laure.*

— 56 —

J'AI prié l'Amour, et je le prie encore de m'excuser auprès de vous, ô mon doux souci, ô mon amer plaisir, si, de bonne foi, je m'écarte de mon droit chemin.

Je ne puis nier, ma Dame, — et je ne le nie pas — que la raison, qui doit tenir en bride tout homme de bons sens, a été vaincue par ma passion, qui m'a conduit où j'ai été contraint de la suivre.

Mais vous, dont le cœur est par le ciel illuminé de l'esprit le plus éclairé et de la plus haute vertu qui soient jamais tombés d'une étoile favorable,

Vous devez dire avec bonté et sans colère : « Que pouvait-il faire d'autre ? Ma vue le consume, c'est parce qu'il est trop avide, et que moi, je suis trop belle ! »

E suis las de penser comment il se fait que mes pensées ne soient pas lasses de se tourner vers vous, et que je n'aie pas encore quitté cette vie pour m'affranchir du fardeau de mes soupirs;

Comment, à parler du visage, des cheveux et des beaux yeux dont je ne cesse de m'entretenir, la langue et la voix ne m'aient jamais manqué pour proclamer nuit et jour votre nom;

Comment à suivre partout vos traces, mes pieds, perdant inutilement tant de leurs pas, ne se soient pas lassés ou brisés;

Comment enfin j'ai pu user tant d'encre et de papier pour écrire toutes vos louanges: mais si je ne me trompe, c'est là un miracle de l'Amour...

S'il ne se lasse pas de louer sa Dame, c'est l'Amour qui en est cause.

— 57 —

*Il se lamente
d'être balancé
entre l'espérance
et la crainte.*

— 58 —

CETTE charmante cruelle, dont le cœur est semblable à celui de l'ours ou du tigre, et dont la beauté est celle d'un ange sous une figure humaine, me balance entre la crainte et l'espérance, au point de me tenir dans une incertitude perpétuelle.

Si elle n'a bientôt pitié de moi et ne me délivre, si elle continue à me tenir en suspens, je sens, Amour, au doux venin qui pénètre en mon cœur, que ma vie est près de finir.

Mes forces abattues et languissantes ne peuvent plus souffrir ces changements qui me glacent et me brûlent, me font rougir et pâlir en même temps.

Mon âme espère par la fuite échapper à ses douleurs, comme quelqu'un qui d'heure en heure se sent défaillir ; car c'est ne plus rien pouvoir que de ne pouvoir même pas mourir !

I les tendres regards et les paroles affables de ma Dame me font tant de mal, et si l'Amour lui donne tant de pouvoir sur moi lorsqu'elle parle ou que seulement elle sourit avec grâce,

élas ! que deviendrais-je si, par ma faute ou par malheur, ses beaux yeux devenaient sans merci ? Ils me donneraient sans doute la mort, alors qu'à présent ils me rassurent contre elle.

outefois, si je tremble et si mon cœur se glace lorsque j'aperçois le moindre changement sur son visage, c'est l'effet d'une longue et triste expérience :

e sais que la femme est changeante par nature et qu'en son cœur les sentiments amoureux durent peu !

Le moindre changement qu'il remarque en sa Dame lui donne de fâcheuses alarmes.

— 59 —

*L'Amour le me-
nace de le faire
pleurer sans cesse.*

— 60 —

PLUSIEURS fois l'Amour m'avait dit : Ecris, écris en lettres d'or ce que je t'ai fais voir : raconte comment je fais pâlir les amants, et de quelle manière je les fais mourir et je les res- suscite.

Il fut un temps où tu l'éprouvas toi-même, simple exemple parmi la foule des amants ; un autre souci depuis t'a soustrait à mon joug, mais je t'ai repris alors que tu fuyais ;

Et si les beaux yeux où je m'étais si douce- ment établi et où je me montrai à toi en fendant ton cœur insensible

Me rendent l'arc qui triomphe de toute chose, peut-être n'auras-tu pas toujours le visage sec, car je me repais de larmes, tu le sais !

OMME parfois on voit, dans la belle saison un petit papillon se laisser attirer par la lumière, et venir voler dans les yeux, ce qui souvent est cause de mort pour lui et de douleur pour les autres,

De même je tâche sans cesse de m'approcher de la brillante lumière de ses beaux yeux; je leur trouve tant de douceur, que l'Amour n'écoute plus la raison et me soumet à sa volonté.

Et je vois bien avec quelle peine ils me supportent, et j'en mourrai sûrement, car mes forces ne peuvent rien contre ma douleur.

Mais j'éprouve une telle suavité à me laisser ainsi éblouir par l'Amour, que je m'afflige plus de la peine que je leur cause que de la mienne, et mon âme aveuglée consent à ma propre mort.

Il se compare au papillon, attiré par la lumière.

— 61 —

Il se compare au papillon qui va se brûler à la flamme qui l'attire.

— 62 —

JL est des êtres au monde dont les yeux sont si forts qu'ils résistent même au soleil; d'autres qui ne sortent que vers le soir pour éviter la grande lumière; Et d'autres enfin, à qui un désir insensé persuade qu'ils auront beaucoup de joie dans le feu parce qu'il brille et qui éprouvent alors l'autre vertu qu'il a de brûler. Hélas! c'est parmi ceux-là qu'est ma place.

Je n'ai pas assez de force pour supporter l'éclat de cette beauté, et je ne sais pas m'en garder en fuyant vers des lieux ténébreux ou en ne sortant que le soir.

C'est pourquoi je ne puis, de par mon destin, que la regarder avec des yeux faibles et plein de larmes; et je sais bien que c'est courir moi-même au feu qui me brûle.

MOUR, toi qui sais toutes mes pensées et qui connais le pénible et dur chemin par lequel tu me mènes, plonge les yeux au fond de mon cœur, ouvert pour toi seul et fermé pour tous les autres.

Tu sais bien ce que j'ai déjà souffert pour te suivre, et cependant tu m'entraînes toujours de précipice en précipice, et tu ne t'aperçois pas que je suis las et que le sentier est trop rude pour moi.

Je vois bien briller au loin cette douce lumière vers laquelle, par d'âpres voies, tu veux me conduire : mais je n'ai point comme toi d'ailes pour y voler.

Laisse moi en paix ; je m'estimerai satisfait, si mes soupirs ne déplaisent point à Celle pour qui je me consume.

Il se plaint des maux qu'il souffre en aimant.

— 63 —

Il se donnerait la mort, s'il n'appréhendait un plus grand malheur.

— 64 —

Si je croyais me délivrer par la mort de l'amoureux penser qui m'accable, j'aurais déjà terminé de mes propres mains une vie qui m'est à charge et rendu à la terre ces membres importuns.

Mais la crainte de ne changer que de souffrances m'empêche de franchir cet étroit passage et me réduit à une extrémité où je ne vois point d'issue.

Il serait temps désormais que l'arc fatal me décochât sa dernière flèche, déja trempée du sang de tant d'autres.

Et j'en conjure l'Amour et la sourde Mort, dont je porte déjà la pâleur sur mon visage et qui oublie de m'appeler à elle !

ORSQUE l'Amour fait s'incliner vers la terre ces beaux yeux et recueille de sa main ce souffle, qu'il change en une voix suave, claire, angélique, divine,

Je sens qu'une douce violence est faite à mon cœur, et que mes désirs évoluent en moi-même, au point de me faire dire : « Vienne maintenant mon heure dernière, puisque le ciel me réserve une telle mort ! »

Mais le bruit de ces soupirs et de ces paroles, dont la douceur enchaîne mes esprits, retient mon âme prête à s'envoler et fait naître en elle le désir d'entendre encore ce qui la rend heureuse.

C'est ainsi que je continue à vivre ! Ainsi se déroule et s'enroule le fil des jours qui me sont laissés, par un miracle unique en ce monde.

S'il continue à vivre, c'est grâce aux soupirs et aux paroles de Laure.

SEUL et rêveur, je vais me promenant à pas lents et graves par les campagnes les plus désertes, attentif seulement à chercher du regard, pour les éviter, les traces des hommes sur le sable.

Je ne trouve aucun autre moyen pour empêcher toute la terre de s'apercevoir de mon état ; car l'on connaît à mon air, d'où la joie est bannie, le feu qui me consume au dedans.

Et je crois désormais que les montagnes et les plaines, les fleuves et les forêts savent cette chose que je dérobe aux hommes.

Mais hélas ! je ne trouve point de sentier si sauvage et si rude, sans que l'Amour ne me suive et ne vienne raisonner avec moi !

BSORBÉ par une ardente pensée qui me détourne de toutes les autres, je marche solitaire en ce monde; et je me dérobe souvent à moi-même, pour aller à la recherche de Celle que je devrais fuir.

Et je la vois passer si calme, si cruelle, que mon âme tremble, prête à prendre son vol, tant cette Belle d'Amour, amie et ennemie, mène avec elle de brûlants chagrins.

Pourtant si je surprends entre ses cils sombres et hautains une lueur de pitié, qui rassérène un peu mon cœur attristé,

Je domine alors mon âme; mais quand je me résous à lui découvrir mon malheur, j'ai tant à lui dire que je n'ose commencer.

Il défaille quand il voit passer Laure et n'ose lui découvrir son malheur.

— 67 —

E sentis en moi défaillir mon cœur, qui reçoit de vous la vie ; et comme tout être ici-bas lutte naturellement contre la mort,

Je donnai libre cours au désir que j'ai toujours refréné jusqu'ici, et le laissai galoper sur la voie presqu'oubliée ; car bien que, jour et nuit, il me presse de l'y suivre, je l'en détourne contre son gré.

Et il me conduisit, honteux et timide, devant ces beaux yeux, dont je me détournais avec tant de soin, dans la crainte de les courroucer.

Tel est le pouvoir sur ma vie d'un seul de vos regards, que je vivrai désormais quelque temps encore. Et puis je mourrai, si je ne cède pas à mon désir de vous revoir.

ORSQUE l'Amour, qui me mène et me conduit avec deux ardents éperons et un rude frein, me fait sortir parfois de ma réserve accoutumée pour donner en partie satisfaction à mes sens,

Il arrive qu'Elle lit sur mon front les craintes et les audaces qui s'agitent au fond de mon cœur; et l'Amour voit ses entreprises déjouées tandis que des éclairs brillent dans ses yeux troublés et courroucés.

Alors, comme un criminel qui redoute la foudre de Jupiter irrité, il se rejette en arrière, car la frayeur dompte le désir.

Et comme mon âme est pour elle transparente comme du cristal et qu'elle voit mon amour ardent et mon espoir timide, elle éteint le feu de son courroux et radoucit ses regards.

Les regards de sa Dame arrêtent son audace et l'encouragent dans sa timidité.

— 69 —

Plusieurs fois sur le point de se déclarer à Laure, il n'a pu dire une seule parole.

PLUSIEURS fois déjà, attiré par des apparences trompeuses de douceur et d'humanité, j'ai conçu le projet audacieux de déclarer ma flamme en paroles respectueuses dans une attitude suppliante.

Mais ses yeux d'un seul regard ont anéanti mes résolutions, car toute ma destinée, toute ma fortune, mon bonheur et mon malheur, et ma vie et ma mort sont entre ses mains.

Aussi n'ai-je jamais pu exprimer des paroles qui puissent être comprises par un autre que moi, tant l'Amour m'a rendu timide et tremblant.

Et je vois bien que la passion lie la langue de l'amant et lui enlève ses esprits : celui-là ne brûle pas d'un grand feu, qui peut exprimer la flamme qu'il ressent.

LANGUE ingrate, quoique je t'aie conservé l'honneur autant que j'ai pu, en te gardant du mensonge, tu n'as jamais rien fait d'honorable pour moi, et tu ne m'as attiré que honte et colère.

Alors que ton secours m'est le plus nécessaire pour demander merci, c'est en ce temps là que tu es le plus froide ; et si tu prononces quelques paroles, elles sont incompréhensibles et telles que les dirait un homme en songe.

Et vous, tristes larmes, qui me tenez si fidèle compagnie toutes les nuits, alors que je voudrais rester seul, vous fuyez en présence de Celle qui pourrait me rendre le repos !

Vous enfin, soupirs, si prompts à me remplir d'angoisse et de douleur, vous vous traînez alors, rompus et languissants : seuls mes yeux ne taisent pas l'état de mon cœur !

La présence de Laure l'empêche de lui exprimer son amour et son tourment.

— 71 —

ÉLAS ! Que j'étais peu sur mes gardes le jour où l'Amour vint vers moi la première fois pour me frapper ! Car il s'est rendu peu à peu le maître de ma vie et m'a soumis à son joug.

Je ne croyais pas que ses attaques répétées feraient perdre à mon cœur endurci sa vaillance et sa fermeté. Mais il en est toujours ainsi de ceux qui présument trop de leurs forces !

Maintenant toute défense serait tardive, et je ne puis qu'essayer de voir si les prières d'un mortel peuvent encore toucher l'Amour.

Je ne lui demanderai pas que ma passion diminue, car ce n'est pas chose possible ; mais je voudrais qu'Elle aussi ait sa part du feu qui me consume.

ILLE fois, ô ma douce en-
nemie, je vous ai offert
mon cœur, pour faire la
paix avec vos beaux yeux;
mais votre âme altière n'a
pas daigné regarder si bas.

C'est en vain pourtant
que toute autre femme
y peut prétendre : il ne redeviendra plus jamais
ce qu'il a été, car il dédaigne trop ce qui vous
déplaît.

Or si je le chasse, et qu'il ne trouve en vous
aucun secours dans son douloureux exil,
comme il ne peut ni demeurer seul, ni aller où
l'inclination d'une autre l'appelle,

Il courra risque de s'égarer : nous serions tous
deux coupables, mais vous le seriez d'autant
plus qu'il vous aime davantage...

Si Laure refuse le présent de son cœur, elle sera la cause de sa mort.

— 73 —

SI je pouvais exprimer dans mes vers tous les sentiments de mon cœur, il n'est point d'âme si cruelle qui ne se laisserait attendrir par la pitié.

Mais vous, beaux yeux, qui m'avez frappé de coups contre lesquels ni casque ni bouclier ne peuvent défendre, vous voyez à nu mes sentiments, bien que je sache mal exprimer ma douleur dans mes plaintes.

Puisque votre regard pénètre en moi comme le rayon de soleil à travers le cristal, mon désir devrait suffir sans que j'aie à l'exprimer.

Hélas, la foi n'a nui à Marie ni à Pierre: à moi seul, elle est nuisible, et je sais qu'hormis vous, personne ne m'entend.

I en affectant des airs irrités, en baissant les yeux et en hochant dédaigneusement la tête; si en vous dérobant avec une célérité sans pareille et en détournant le visage de mes justes et respectueuses prières,

*Il exhorte Laure
à ne pas dédaigner son cœur,
qu'elle ne peut
quitter.*

— 75 —

Ou si, par quelque autre moyen enfin, vous pouviez sortir de mon cœur, où l'Amour a fait croître tant de rameaux au laurier qui y fut jadis planté, j'avoue que vos dédains seraient justifiés.

Car une plante délicate n'est pas à sa place sur un terrain aride, et il est naturel qu'elle le quitte avec joie.

Mais puisque votre destinée ne vous permet pas d'en sortir jamais, faites du moins en sorte qu'un lieu, où vous devez séjourner, ne vous soit pas toujours odieux.

Il expose à Sennuccio l'état de son cœur.

SENNUCCIO, je veux que tu saches de quelle manière je suis traité et quelle vie est la mienne. Je brûle et je me consume encore comme autrefois; et quoique Laure me gouverne à sa guise, je suis toujours le même que j'étais.

Ici je la vis toute simple, là altière : ici toute calme et compatissante, et là toute farouche ; quelquefois remplie d'honnêteté et de grâces, et d'autrefois dédaigneuse et méchante.

Ici elle chanta doucement, là elle s'assit ; ici elle se retourna et arrêta ses pas en ma faveur, là ses beaux yeux me percèrent le cœur.

Ici elle me parla et me sourit, là elle changea de visage... Tels sont les souvenirs, hélas ! que nuit et jour m'envoie l'Amour, notre maître.

JE ne trouve point le repos et je n'ai aucune raison d'agitation; je tremble, j'espère, je brûle, et je suis tout de glace. Je vole au-dessus des cieux et je rampe sur la terre; j'embrasse le monde entier et j'étreins le néant.

Celle qui me garde en prison n'en ouvre ni n'en ferme la porte. Elle ne me retient pas, ni ne me délivre de mes liens. L'Amour ne me donne la mort, ni la liberté; il ne veut ni me laisser vivre ni ne me tirer de peine.

Je vois sans yeux, je crie et je n'ai point de voix; je soupire après la mort, et je demande du secours; je me hais moi-même et j'aime autrui;

Je me délecte de ma douleur, je ris en pleurant; la vie et la mort me déplaisent pareillement. C'est par vous seule, ma Dame, que je suis dans cet état.

Il raconte sa misère, dont Laure est la cause.

— 77 —

Il décrit l'état pitoyable où sa Dame le réduit.

JE suis en butte aux traits de l'Amour; je suis comme la neige au soleil, comme la cire au feu et comme le nuage au vent; je suis déjà tout enroué, ma Dame, à vous demander merci, et vous n'en avez nul souci!

C'est de vos yeux que fut lancé le trait mortel dont je ne guérirai jamais; c'est de vous seule que proviennent — et cela vous semble un jeu — le soleil, le feu et le vent qui me tourmentent.

Les pensers amoureux sont les flèches qui me percent, votre visage est le soleil qui m'éblouit, et les désirs que vous m'inspirez sont le feu qui me consume.

Et l'angélique son de votre voix et la douceur de votre haleine font que je ne puis me défendre, et conspirent à m'ôter la vie.

OUT le jour je pleure; et la nuit, alors que les hommes les plus misérables goûtent le repos, je me retrouve tout en larmes et je sens redoubler mes maux : ainsi mon temps se passe en de perpétuels gémissements. Cette source de larmes, qui ne tarit point, éteint insensiblement la lumière de mes yeux, mon cœur se consume dans la douleur; de tous les êtres je suis le plus misérable, en butte aux flèches de l'Amour qui me prive de tout repos. Hélas! C'est ainsi que d'un soleil à l'autre, de l'une à l'autre nuit, j'ai traversé la plus grande partie de cette mort qu'on appelle la vie. Son inhumanité, plus que mes propres maux, me fait souffrir, et Celle dont dépend mon salut et de qui seule j'attends mon secours, me voit brûler au milieu des flammes sans daigner m'en tirer.

Il se lamente sur sa souffrance.

— 79 —

*Il passe les nuits
à pleurer et à sou-
pirer.*

— 80 —

Quand le soleil baigne dans l'océan son char doré et obscurcit à la fois notre atmosphère et mon esprit, alors commence, pour moi comme pour le ciel, les étoiles et la lune une nuit rude et pleine d'angoisses.

Puis, hélas ! J'ai beau raconter une à une mes peines à celle qui ne m'écoute pas ; je m'emporte tantôt contre le monde et contre ma misérable condition, et tantôt contre l'Amour, contre ma Dame et contre moi-même.

Il n'y a point de sommeil ni de repos pour moi ; mes larmes ne tarissent point, et mes soupirs ne finissent qu'avec la nuit.

L'aurore se lève ensuite, et remplit l'air de lumière : mais elle ne saurait dissiper les ténèbres de mon esprit ; il n'est qu'un Soleil qui me brûle et me réjouit le cœur, et lui seul peut adoucir mes peines.

UAND le ciel, la terre et les vents se taisent, et que le sommeil s'est emparé des oiseaux comme des bêtes sauvages, que la nuit promène son char étoilé et que la mer repose sans vagues dans son lit,

Je veille, je rêve, je brûle, je pleure ; et pour augmenter ma douce peine, Celle qui me cause tant de maux est toujours devant mes yeux. L'état où je suis n'est qu'une guerre et une douleur perpétuelles, et c'est seulement en pensant à elle que je trouve quelque paix.

Ainsi d'une même source, claire et vive, découlent mon bonheur et mon amertume : la même main me blesse et me guérit.

Et pour que ce martyre ne finisse jamais, je meurs et je renais mille fois par jour, toujours également éloigné de ma guérison.

Il fait voir combien ses infortunes le rendent malheureux.

— 81 —

Il soupire après l'aurore et hait le soir, contrairement aux autres amants.

— 82 —

OUPIRER après le soir, haïr l'aurore, voilà ce que font d'habitude les amants heureux et calmes ; mais pour moi, qui sens le soir redoubler mes peines et mes douleurs, le matin est le temps le plus heureux.

C'est alors que je vois souvent dans le même moment deux soleils se lever, si pareils en lumière et en beauté, que le Ciel devient amoureux de la Terre,

Comme il fit jadis, lorsque verdirent les premières branches du laurier : si profondément ses racines ont pénétré dans mon cœur, que j'en aime une autre plus que moi-même.

Ainsi ces deux moments m'inspirent des sentiments contraires : je soupire après celui qui m'apporte le repos, et je crains et je hais celui qui me ramène l'ennui.

ÉSAR, qui fut si prompt à teindre la Thessalie du sang de ses concitoyens, versa pourtant des larmes sur la mort du mari de sa fille, Pompée, lorsqu'il reconnut les traits de sa figure;

Et le pasteur, qui fendit la tête de Goliath, pleura son fils rebelle et déplora la mort du bon Saül, ce dont le funeste mont de Gelboé a gardé le souvenir.

Mais Vous, insensible à la pitié, habile à parer les traits que l'Amour vous décoche en vain de son arc,

Vous me voyez torturé de mille morts, et pourtant vos beaux yeux restent secs et ne font paraître que haine et dédain.

Il déplore la cruauté de sa Dame.

— 83 —

En peignant la constance de sa passion, il reproche à Laure sa cruauté.

Si un amour fidèle, un cœur sincère, une douce langueur, un innocent désir, un respectueux empressement entretenu par un noble feu, un long égarement dans un labyrinthe sans issue,

Si un visage sur lequel sont peintes toutes mes pensées, des paroles interrompues qu'à peine on peut entendre, étouffées par la crainte ou par la pudeur, une pâleur semblable à celle de la violette,

Si une tendresse plus forte pour autrui que pour soi-même, des soupirs et des larmes sans fin, une vie de douleurs et d'angoisses,

Si le feu ou la glace de mes désirs suivant que je suis éloigné ou proche, si toutes ces choses sont la preuve que c'est l'Amour qui me consume, le péché sera pour vous, ma Dame, et pour moi la souffrance.

E ne me suis point jusqu'ici lassé de vous aimer, ma Dame, et ne m'en lasserai jamais tant que je vivrai; mais je m'ennuie de me haïr moi-même, et je suis las de pleurer continuellement.

Il abandonnera Laure si elle ne cesse d'être cruelle.

Et j'aime mieux encore un sépulcre de marbre blanc, où votre nom soit gravé, où reposera sans vie ma chair, privée de l'esprit qui peut encore rester en elle.

Toutefois, si vous vouliez ne point briser mon cœur rempli d'amour et de fidélité, de grâce ayez pitié de lui !

Mais si votre dédain cherche une autre satisfaction, il se trompe; votre espoir ne se réalisera pas et j'en rends grâce à l'Amour et à moi-même.

— 86 —

*Par l'appréhen-
sion de la mort, il
espère guérir de sa
passion.*

HÉLAS, je sais bien que la mort, qui ne pardonne à personne, fait chaque jour sa proie des misérables mortels et que le monde nous abandonne vite et nous garde bien peu de temps son souvenir.

Je ne vois qu'une faible récompense pour mon long martyre, et déjà mon cœur ressent l'épouvante de son dernier jour. Cependant l'Amour ne me fait point sortir de ma prison et demande toujours à mes yeux leur tribut accoutumé.

Je sais comme les années s'écoulent, emportées par les moments, les heures et les jours : c'est là une force inéluctable, plus grande que celle de la magie.

Ma raison et mon amour ont combattu sept et sept années entières, et j'espère qu'elle l'emportera sur lui, s'il est vrai que les âmes aient ici-bas de justes pressentiments.

E jour en jour, je m'en vais changeant de visage ; cependant je ne puis fuir le doux hameçon qui me retient, et je ne cesse de tenir dans mes bras les branches verdoyantes et engluées de cet arbre, qui ne craint ni le soleil ni la gelée.

On verra la mer sans ondes et le ciel sans étoiles avant que je cesse de craindre et de désirer ce bel ombrage, de haïr et d'aimer cette blessure d'amour que je ne puis cacher.

Je n'espère point de soulagement à mon mal, à moins que je ne meure, le corps décharné, ou que mon ennemie ne me prenne en pitié.

Et tout ce qu'il y a d'impossible dans la nature arrivera avant que je ne guérisse par un autre moyen de la plaie que m'ont faite ses beaux yeux.

Il n'y a que la mort ou sa Dame qui puissent guérir sa blessure.

— 87 —

*Il regrette sa li-
berté perdue et dé-
plore son malheur.*

— 88 —

AH! Chère liberté, que tu m'as bien fait connaître, en t'éloignant de moi, en quel état je me trouvais, lorsque le premier trait de l'Amour fit en moi cette blessure, dont je ne guérirai jamais!

Mes yeux furent dès lors si charmés de l'objet qui cause leur tourment, qu'ils dédaignent maintenant toute autre créature mortelle. Hélas, c'est ainsi que je les ai accoutumés dès le commencement!

Je ne puis plus écouter ceux qui ne me parlent pas de Celle qui me fait mourir, ni remplir l'air d'un autre son que celui de son nom qui m'est si doux.

L'Amour ne m'attire pas ailleurs : mes pieds ne connaissent pas d'autre chemin, et mes mains ne savent pas comment on peut écrire les louanges d'une autre beauté.

L'AMOUR, la Fortune et mon esprit, las du présent et tourné vers le passé, m'affligent de telle sorte que j'envie ceux qui sont sur l'autre rive.

L'Amour consume mon cœur, la Fortune m'enlève toute consolation, et mon esprit en désordre s'afflige et s'emporte. C'est ainsi que se passe ma vie en une peine continuelle.

Je n'espère plus que les beaux jours reviennent jamais; au contraire, je prévois que le reste de mon existence ira de mal en pis, et j'ai déjà parcouru la moitié de ma course!

Hélas! Je vois toutes ces espérances tomber de mes mains, non comme du diamant, mais comme du verre et tous mes rêves se briser...

Il se plaint de l'Amour, de la Fortune et de son esprit, causes de son malheur.

— 89 —

S'il chante et s'il rit quelquefois, ce n'est que pour cacher son tourment.

ÉSAR, après avoir reçu en présent du traître égyptien la tête illustre de Pompée, dissimulant sa joie, ne laissa pas de verser des larmes, ainsi qu'il est écrit.

Et Annibal, quand il vit la fortune devenir contraire à sa patrie abattue, se prit à rire devant toute la population triste et désolée, pour mieux dissimuler son amer désespoir.

C'est ainsi que notre âme cache bien souvent, sous l'apparence d'un visage tantôt triste et tantôt gai, la joie ou l'affliction qui règne dans le cœur.

Si quelquefois on me voit rire ou chanter, ce n'est que pour celer, par cet unique moyen qui me reste, la douleur et le tourment dont je souffre.

ÉLAS! Je brûle et Elle n'en veut rien croire; tous le voient, sauf celle-là seule dont je voudrais être cru. Elle ne semble pas le croire, et pourtant elle le voit.

Beauté infinie, pouvez-vous avoir si peu de foi ? Sans ma malheureuse étoile, j'aurais dû trouver merci à cette source de pitié qu'est votre cœur.

Ces flammes, dont vous faites si peu de cas, ces louanges que je vous prodigue dans tous mes vers en toucheront peut-être une infinité d'autres;

Car je prévois que lorsqu'un jour ma langue sera devenue froide et que seront éteints vos beaux yeux, ma douce flamme restera après nous pleine d'étincelles.

Il se plaint de sa Dame qui n'a aucune pitié de ses tourments.

— 91 —

— 92 —

En tout temps et en tous lieux il soupirera toujours pour Laure.

QUE je sois là où le soleil consume les herbes et les fleurs, ou bien là où les neiges et les glaces le bravent, que je sois là où ses rayons sont tempérés et légers, là où on le voit se lever et coucher,

Que ma fortune soit humble ou superbe, que je sois à l'air pur et serein, ou sous un ciel épais et lourd, que les jours soient courts ou longs, que je sois à l'âge mûr ou à l'extrême vieillesse,

Que je sois dans le ciel, sur la terre ou dans l'abîme, sur la cime des montagnes ou dans les vallées profondes et marécageuses, l'âme libre ou prisonnière du corps,

Que mon nom soit ignoré ou célèbre, je serai ce que je fus, je vivrai comme je vécus, continuant à soupirer comme je le fais depuis trois lustres.

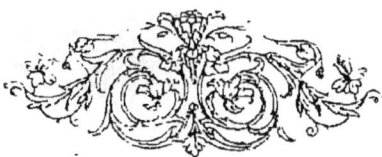

ALLEZ, brûlants soupirs, au cœur de Laure, fondez cette glace qui l'empêche d'être sensible à ma tendresse. Et si le ciel écoute la prière d'un mortel, que la mort ou sa pitié mette fin à ma douleur !

Allez, doux pensers, allez entretenir ma Dame de ce que son beau regard ne saurait voir ; et si sa rigueur et mon destin conspirent contre moi, j'abandonnerai une vaine espérance et je sortirai d'une folle erreur.

Dites-lui bien — même incomplètement — que mon esprit est aussi inquiet et agité que le sien est calme et serein.

Allez sans crainte, l'Amour vous tiendra compagnie ; et si j'en crois le présage de mon Soleil, mon cruel destin pourrait bien s'adoucir...

Il espère toucher Laure pour le récit de ses tourments.

— 93 —

*Il espère atten-
drir Laure un jour
par ses soupirs et
ses pleurs.*

— 94 —

I ce cœur farouche et sau-
vage, si cette volonté cruelle
sous une figure si douce,
si humble, si angélique, me
persécutent encore de leurs
rigueurs, ils remporteront
sur moi une victoire qui
leur fera peu d'honneur.

Car enfin, soit que naissent ou meurent les
fleurs, l'herbe et les feuillages, soit qu'il fasse
jour ou que vienne la nuit obscure, je ne fais que
répandre des larmes, tant j'ai sujet de me plaindre
de ma destinée, de ma Dame et de l'Amour.

L'espérance seule me fait vivre : je me rappelle
avoir vu la goutte d'eau, qui tombe conti-
nuellement à la même place, user le marbre ou
la pierre la plus dure.

Il n'est pas de cœur si insensible, qu'à force
de larmes, de soupirs et d'amour, on ne
finisse par émouvoir, ni de volonté si froide
qu'à la fin on ne fléchisse.

SI ma vie peut résister à ses âpres tourments et à ses angoisses assez longtemps pour que je voie, ma Dame, la lumière de vos beaux yeux s'éteindre sur le déclin de votre âge, l'or de vos cheveux se changer en argent,

Vos guirlandes se flétrir, vos habits de jeune femme disparaître, et enfin ce beau visage se ternir, ce visage qui me rend maintenant si craintif, que je n'ose me plaindre,

Peut-être l'Amour me donnera-t-il assez d'audace pour que je vous découvre ce que furent les ans, les jours et les heures de mon martyre.

Et si le temps est alors contraire aux beaux désirs, qu'il ne m'arrive pas, par surcroît de douleur, que vous me refusiez quelques légers et tardifs soupirs !

Il espère qu'avec l'âge, Laure aura pitié de lui.

— 95 —

'AMOUR, pour me consoler, m'envoie cette douce pensée, qui est la chère confidente de notre tendresse ; il me réconforte et me dit que je n'ai jamais été si près de voir mes désirs exaucés.

Mais moi, qui ai trouvé dans ses paroles mensonges autant que vérités, je ne sais ce que j'en dois croire, et je vis dans l'incertitude. Mon cœur ne me dit distinctement ni oui, ni non.

Cependant le temps passe, et je m'aperçois, dans mon miroir, que j'approche de l'âge contraire à ses promesses et à mes espérances.

Arrive ce qui pourra, je ne suis pas seul à vieillir. L'âge ne peut changer ma constance ; tout ce que je crains, c'est de n'avoir pas assez de vie pour voir s'exaucer mon désir.

E voudrais, par d'admirables chants d'amour, arracher de force mille soupirs par jour du cœur insensible de Laure, je voudrais allumer mille désirs brûlants en son esprit de glace.

Et je verrais son beau visage changer à chaque moment de couleur, ses yeux se mouiller et, plus tendres, se tourner vers moi, en signe de regret — bien tardif — pour son erreur et mes souffrances !

Je verrais, parmi la neige de son teint, les roses vermeilles de ses lèvres s'agiter au souffle de son haleine et découvrir l'ivoire de ses dents, dont l'éclat change en statue de marbre quiconque les regarde...

S'il en était ainsi, la vie ne me serait plus à charge, et je bénirais au contraire le sort de me faire vivre jusqu'à la vieillesse.

Il espère qu'en donnant une force nouvelle à ses vers, Laure sera plus humaine.

— 97 —

*Il se console à
la pensée que ses
vers donneront à
Laure une répu-
tation éternelle.*

— 98 —

DOUCES colères, doux dé-
dains, et doux raccommo-
dements ; doux mal et doux
tourment ; doux parler si
doucement compris, tour
à tour si froid et si ardent!
Mon âme, ne te plains
plus, mais endure tes
maux et modère les peines que tu as souffertes
par le doux honneur d'aimer celle que j'ai choisie
en disant : « Toi seule me plaît! »

Peut-être quelqu'un poussé par une douce
envie, dira-t-il en soupirant : « Celui-ci a bien
souffert en son temps, mais c'était d'un très bel
amour ! »

Et d'autres diront: « Pourquoi ne l'avons-nous
pas vue ? O Fortune ennemie de nos yeux !
Que n'est-elle venue plus tard au monde, ou que
n'y sommes-nous venus plus tôt ? »

'AI chanté, maintenant je pleure ; et je ne trouve pas moins de douceur à pleurer qu'à chanter, car ma pensée, ne tenant pas compte des effets, ne s'attache qu'à la cause qui les produit.

De là vient que, d'une humeur égale, je supporte sa douceur et sa dureté, ses traitements hautains ou bienveillants et courtois : rien de ce qui vient d'Elle ne me blesse, et mes armes résistent aux traits de son dédain.

Que l'Amour, ma Dame, le monde et la Fortune continuent toujours à me maltraiter : je ne serai jamais qu'heureux ici-bas.

Soit que je brûle, que je meure ou que je languisse, il n'est point de condition préférable à la mienne, si douce est la cause de mon amertume !

Il se console de ses peines, parce qu'il les souffre pour sa Dame.

— 99 —

Le retour de Laure le remplit d'allégresse.

J'AI pleuré, maintenant je chante : ce vif soleil ne cache plus à mes yeux la céleste lumière, où l'Amour pur révèle clairement sa douce force.

C'est de là qu'il faisait autrefois couler un tel fleuve de larmes, pour abréger ma vie, qu'il n'était ni pont, ni gué, ni rames, ni voiles, non plus qu'ailes ou plumes qui pussent me sauver. Telle était sa profondeur et si abondante sa source, et si loin était la rive, que j'y pouvais à peine atteindre par la pensée.

Mais sa pitié m'envoie non pas une branche de laurier ni une palme, mais un rameau d'olivier ; elle ramène ainsi le beau temps, sèche mes pleurs, et veut que je vive encore.

E si vives lueurs rayonnaient doucement vers moi de ses beaux yeux, de si suaves paroles, mêlées de soupirs, s'exhalaient en même temps de son cœur pur,

Qu'à ce seul souvenir, c'est comme une angoisse que j'éprouve chaque fois; et je me demande comment mon esprit troublé put la faire renoncer à sa froideur habituelle.

Mon âme, toujours abreuvée de chagrins et de douleurs — si grande est la puissance d'une longue habitude — fut tellement faible devant cette double faveur,

Qu'au seul goût de ce bonheur inaccoutumé, tremblant tour à tour de crainte et d'espérance, elle fut plus d'une fois sur le point de m'abandonner.

Le joyeux accueil de Laure le fit presque mourir de bonheur.

— 101 —

*Il aime depuis
vingt ans sans
fruit.*

— 102 —

HEUREUX de songer, content de languir, d'embrasser l'ombre pour le corps et de courir après le vent d'été, je nage dans une mer qui n'a ni fond ni rivage, je sème dans l'eau, je bâtis sur le sable et j'écris en l'air;

Je contemple avec ardeur un soleil dont la splendeur m'éblouit; et monté sur un bœuf boiteux et lent, je tâche de poursuivre une biche errante et fugitive.

Aveugle et insensible à tout autre malheur, je cours nuit et jour en frémissant à ma perte, invoquant et ma Dame et la Mort.

Depuis vingt ans — lourd et long tourment! je n'ai connu que larmes, soupirs et douleur: voilà sous quelle étoile fatale je me laissai enflammer...

UISQUE mes espérances tardent tant à se réaliser et que la vie est si brève, je déplore de ne pas y avoir pris garde ni de ne m'être pas échappé à temps.

Je fuis maintenant, malgré ma faiblesse, malgré ces blessures de mon cœur torturé de désirs, et je suis désormais en sûreté ; mais je porte sur mon visage les marques que m'ont laissées les chaînes de l'Amour.

Aussi je vous donne ces conseils, à vous qui allez à lui : « Revenez en arrière ! » et à ceux qu'il brûle déjà : « N'attendez pas que le feu n'ait tout consumé ! »

Car, bien que je sois moi-même en vie, sur dix mille, pas un n'échappe. Bien forte était mon ennemie, et pourtant je l'ai vue frappée en plein cœur !

Il conseille aux amants de fuir l'Amour, avant qu'ils soient brûlés de sa flamme.

— 103 —

PUISQUE le chemin de son cœur m'est fermé, dans mon désespoir, je me suis éloigné de ces yeux, en qui, je ne sais par quelle destinée, j'avais mis toute mon espérance et tout mon bonheur.

Je ne donne pour nourriture à mon cœur que des soupirs, il n'en veut point d'autre; né pour pleurer, je ne vis que de larmes; mais je ne m'en plains pas, car dans mon état les larmes ont plus de douceur qu'on ne saurait l'imaginer.

Et je trouve ma seule consolation dans une image que m'a tracé d'elle une main plus parfaite et géniale que ne fut celle de Zeuxis, de Praxitèle ou de Phidias.

Mais quelle Scythie ou quelle Numidie pourraient me garantir de l'envie, puisque n'étant pas encore satisfaite de mon exil, elle vient me chercher jusque dans ma solitude ?

'AMOUR, la Nature et cette belle âme en qui résident les hautes vertus, sont conjurés contre moi : l'Amour, à son ordinaire, s'efforce de me faire mourir;

La Nature, retient ma Dame par des liens si faibles qu'ils ne pourraient résister au moindre effort; et cette belle âme est si fière qu'elle méprise cette vie misérable et indigne d'elle.

Ainsi la force diminue de moment en moment dans ces membres charmants et précieux, qui étaient un modèle de véritable beauté.

Et si quelque pitié ne met un frein à la mort, je vois bien, hélas ! combien vaines étaient les espérances dans lesquelles je vivais.

Il craint que la maladie de sa Dame ne la fasse mourir.

— 105 —

*Éloigné de Lau-
re, il redoute que
sa mort ne le
prive à jamais de
la voir.*

— 106 —

DANS mon incertitude, tantôt je pleure et tantôt je chante, je crains et j'espère ; et par mes soupirs et mes vers, je tâche d'apaiser ma douleur : mais l'Amour perce de tous ses traits mon cœur affligé.

En quel état suis-je réduit ? Ce beau visage sacré rendra-t-il à mes yeux leur ancien éclat, ou les condamnera-t-il à des pleurs éternels ?

Le ciel ne l'a-t-il pas appelée pour lui donner là-haut la place qu'elle mérite, sans se mettre en peine s'il me ravit mon soleil, unique objet, de mes regards ?

Je vis dans une telle crainte et dans de si continuelles alarmes, que je ne me reconnais plus moi-même, tel un vagabond égaré dans un pays inconnu.

O MON âme, toi qui vois, entends, lis, parles, écris et penses tant de choses diverses, ô mes yeux qui êtes pleins d'ardeur, ô mes oreilles qui portez à mon cœur des paroles sublimes et sacrées,

Que ne donneriez-vous pas pour être venus plus tôt ou plus tard en ce difficile chemin de la vie, afin de n'y pas rencontrer ces deux yeux brillants et les chères traces de ses pas ?

Pourtant des lumières si vives et de tels guides ne peuvent nous égarer dans ce court voyage, qui peut nous mériter le séjour éternel.

Efforcez-vous de tendre vers le ciel, malgré ma lassitude ; traversez l'obscurité de ses charmants dédains ; suivez les traces de ses pieds vénérés et le rayon de ses yeux divins...

Laure est pour lui un modèle, dont il veut imiter la vertu.

— 107 —

SONNETS A
LAVRE
MORTE

LLE me revient sans cesse à l'esprit, ou plutôt elle y reste encore, Celle que le Léthé ne pourrait l'en éloigner, telle que je la vis en sa saison fleurie, toute brillante des rayons de son étoile.

Au premier abord elle m'apparaît si chaste et si belle, si recueillie et si contenue, que je m'écrie : « C'est bien elle, elle vit encore ! » et je la conjure de me faire entendre sa douce voix.

Tantôt elle répond, tantôt elle se tait ; et moi comme un homme qui reconnaît son erreur, je dis à mon esprit : « Tu t'es abusé ;

Tu sais bien que l'an mil trois cent quarante-huit, le sixième jour d'avril, en la première heure, cette âme bienheureuse s'est séparée de son corps... »

Si vivace est le souvenir de Laure, qu'il croit parfois la voir encore.

— 111 —

Il pleure la mort du Cardinal Colonna et celle de Laure.

— 112 —

VOILA brisés cette haute colonne et ce vert laurier, dont l'ombre abritait mes tristes pensers ! J'ai perdu ce que je n'espère plus retrouver du pôle Boréal au pôle Austral, des Indes au rivage Maure...

Tu m'as ravi, ô Mort, ce double trésor qui me rendait si fier et me faisait vivre si heureux : rien ne pourrait le remplacer, ni les empires, ni les richesses de l'Orient, ni l'or du monde.

Mais puisque telle est la volonté du Destin, que puis-je faire autre chose que m'abandonner au chagrin, les yeux humides de larmes et le visage toujours baissé ?

Ah ! Notre vie, si belle en apparence, qu'aisément elle perd en un matin ce qui s'acquiert à grand peine en de longues années !

U as enlevé, ô Mort, son soleil au monde ; tu as laissé la terre obscure et froide, l'Amour aveugle et désarmé, la grâce nue, la beauté sans attrait, mon âme sans consolation et à charge à elle-même.

Tu as banni l'honnêteté et exilé la courtoisie ; et puisque tu as étouffé la semence des vertus, le monde entier devrait s'affliger : et cependant je suis seul à pleurer. Maintenant que la plus parfaite est disparue, où en trouverons-nous une pareille ?

L'air, la terre, la mer devraient la regretter : sans elle, la race humaine est semblable à la prairie sans fleurs ou à l'anneau sans gemme.

Le monde ne la connaissait pas, tant qu'il la possédait ; seuls, nous l'avons connue, moi qui ai le malheur de lui survivre, et le ciel qui s'est enrichi de ma perte !

Lui qui connut Laure sur terre, il la pleure maintenant seul au monde.

— 113 —

*Il n'a point
d'autre consola-
tion que de voir
Laure en songe.*

— 114 —

U as effacé, ô Mort, la couleur du plus beau visage qu'on eût jamais vu, tu as éteint les plus beaux yeux du monde, et tu as séparé l'âme la plus vertueuse du plus beau corps qui fût jamais.

Tu m'as enlevé en un moment tout mon bien ; tu as imposé silence à la plus douce voix qu'on eût jamais entendue, et tu m'as comblé d'une si vive douleur, que tout ce que je vois et tout ce que j'écoute m'afflige également.

Ma Dame m'apparaît quelquefois en songe, pour calmer mon immense chagrin : et il semble que c'est la pitié qui la conduit. Voilà désormais ma seule consolation en cette vie...

Et si je pouvais redire l'éclat de ses paroles et de sa beauté, j'enflammerais d'amour non seulement le cœur des hommes, mais encore celui des tigres ou des ours.

E zéphyr est de retour et ramène le beau temps, la verdure et les fleurs — sa douce famille — et les gazouillements de Progné, les plaintes de Philomèle, et le Printemps éclatant et vermeil;

Les prés s'égayent, le ciel se fait plus serein et Jupiter se réjouit de revoir Vénus, sa fille; l'eau, l'air et la terre sont remplis d'amour, et tous les êtres ne songent qu'à aimer.

Mais pour moi, hélas! renaissent plus pesantes les douleurs que cause au plus profond de mon cœur le souvenir de Celle qui en a emporté les clefs au ciel.

Et les petits oiseaux chanteurs, les coteaux fleuris, les belles dames honnêtes au gracieux maintien ne sont pour moi que déserts affreux et bêtes féroces et sauvages.

Le chant du rossignol lui rappelle son malheur aussi cruel qu'imprévu.

— 116 —

LE rossignol, qui pleure avec tant d'harmonie la perte de ses petits ou celle de sa chère compagne, fait retentir le ciel et les campagnes d'un son très doux, avec ses accents si tendres et mélancoliques.

Et il semble qu'il veuille m'accompagner toute la nuit pour me rappeler mon sort malheureux : je ne dois me plaindre que de moi-même, d'avoir cru si longtemps que la mort n'avait aucun empire sur une beauté divine.

Oh ! Qu'il est aisé de tromper une âme crédule ! Qui aurait jamais pensé que ces beaux yeux, ces deux lumières, plus brillants que le soleil, deviendraient une poussière obscure ?

A cette heure je reconnais que ma cruelle destinée veut que je vive dans les larmes, pour m'apprendre que rien de ce qu'on aime ici-bas n'est durable.

MOUR qui, au temps heu-reux, m'as toujours tenu fidèle compagnie sur le bord de ces rives propices à nos rêveries, et qui venais avec moi m'entretenir au doux murmure du fleuve rapide,

Il invoque tous les témoins de son bonheur passé.

— 117 —

Et vous fleurs, feuillages, herbes, ombres, grottes, ondes, suaves zéphirs, val clos, hautes montagnes et plaines découvertes, refuge de mes peines d'amour et de mes infortunes répétées et accablantes;

O gentils habitants des verts bosquets, ô Nymphes, et vous qu'abrite et nourrit le fond herbeux et frais du liquide cristal;

Mes jours, qui furent si clairs, sont rendus maintenant par la mort obscurs comme elle. C'est ainsi que sur terre, chacun est soumis à sa destinée, dès l'instant où il voit le jour...

Rêvant à son amour, il lui semble voir et entendre encore sa Dame.

— 118 —

SUR la rive fleurie et fraîche où, rêvant à mon amour, je vais m'asseoir pour écrire, lorsque se font entendre la plainte des oiseaux, le bruit des verts feuillages agités par la brise d'été,

Ou le doux murmure de l'onde limpide, je vois et j'entends Celle que le ciel nous montra et que la terre nous cache, et qui, toujours vivante, répond de bien loin à mes soupirs.

Hélas, pourquoi te consumer avant le temps ? me dit-elle, pleine de pitié ; pourquoi laisser couler de tes tristes yeux ce ruisseau de larmes ?

Ne me pleure pas, car la mort a rendu mes jours éternels, et mes yeux se sont ouverts à la lumière céleste, alors que je parus les fermer.

S I je m'arrête pour tourner mes regards vers ces années qui ont, dans leur fuite, dissipé mes espoirs, éteint le feu dont je brûlai tout en gelant et mis fin à mon repos traversé d'angoisses,

Qui ont rompu les promesses d'un amour menteur, divisé mon unique bien en deux parts seulement, dont l'une est au ciel et l'autre en terre et m'ont ravi le fruit de toutes mes peines,

Je tremble devant mon dénuement et je porte envie au plus misérable des êtres, tant j'ai compassion et peur de mon sort lui-même...

O mon étoile, ô Fortune, ô Destin, ô Mort, ô jour anniversaire à jamais doux et cruel, à quel lamentable état m'avez-vous réduit !

Il tremble au souvenir de sa vie passée.

— 119 —

UE j'envie ton sort, terre avare, qui embrasses maintenant la beauté qu'il ne m'est plus permis de voir, et m'ôtes la vue de ce beau visage, où je trouvais la consolation de toutes mes peines !

Que je te porte envie, ciel fortuné, qui as recueilli son âme après qu'elle eut abandonné son beau corps, et qui la possèdes maintenant, toi qui t'ouvres si rarement à d'autres !

Que je vous envie, âmes heureuses, qui avez le bonheur de jouir de sa sainte et douce compagnie, que j'ai toute ma vie recherchée avec tant d'ardeur !

Que je t'envie enfin, impitoyable et dure Mort, qui as éteint en elle ma vie et demeures dans ses beaux yeux sans m'appeler près d'elle... !

ES yeux et ce visage, les plus beaux, les plus magnifiques qui aient jamais manifesté leur splendeur, ces cheveux éclatants au point de faire paraître ternes l'or et le soleil, ce doux parler, ce doux sourire,

Ces mains, ces bras qui sans faire un geste, eussent captivé les plus rebelles à l'Amour, ces pieds si beaux et si légers, cet être enfin formé dans le ciel,

Etaient toute ma vie. Maintenant c'est le Roi d'En-haut et ses anges ailés qui en jouissent, tandis que, nu et aveugle, je demeure ici-bas.

Comme consolation de mes peines, je voudrais que Celle, qui sait toutes mes pensées, m'obtienne la grâce de pouvoir la retrouver...

Il éspère que Laure obtiendra pour lui la grâce de la revoir au ciel.

— 121 —

Il souhaite mourir afin que son âme puisse suivre Laure.

— 122 —

EN la saison la plus belle et la plus fleurie, au temps où l'Amour a le plus d'empire sur nous, Laure, ma vie, est partie loin de moi, laissant à la terre sa mortelle enveloppe; et vivante, belle et nue,

Elle est montée au ciel d'où elle me gouverne et me protège. Ah! Pourquoi le dernier jour, qui est aussi le premier de l'autre vie, ne me délivre-t-il pas de mon enveloppe terrestre?

Et de même que ma pensée s'en va derrière Elle, ainsi la suivrait mon âme, libre, légère, et joyeuse, et mon martyre serait fini.

Tout retard ne fait qu'aviver ma peine et alourdir le fardeau qui me pèse. Oh, qu'il eût été beau de mourir il y a trois ans!

OUCES rigueurs et calmes refus, pleins de chaste amour et de tendre pitié, dédains charmants qui avez retenu — je le vois maintenant — l'élan de mes désirs passionnés autant qu'insensés,

Gentil parler, où brillait l'affabilité suprême jointe à la suprême honnêteté, fleur de vertu, source de beauté, qui avez arraché de mon cœur toutes basses pensées,

Divin regard, destiné au bonheur de l'homme, dont la fierté refrénait mes désirs téméraires sur le point de s'oublier,

Et qui ranimaient si souvent ma vie languissante, c'est vous qui m'avez apporté le salut sans lequel j'étais perdu !

Il reconnaît que Laure ne lui a fait paraître de la rigueur que pour le retenir dans le devoir.

— 123 —

— 124 —

CES yeux, que j'ai chantés avec tant d'ardeur, ces bras, ces mains et ces pieds, et ce visage qui m'avaient ravi à moi-même et avaient fait de moi un homme si différent des autres,

Ces cheveux bouclés, blonds comme l'or pur, et ce charmant sourire d'ange, toutes choses qui faisaient un paradis de cette terre, ne sont plus que poussière sans âme !

Et moi, je vis cependant ! Je m'afflige et je m'en indigne : privé de cette lumière tant aimée, je vogue dans la tempête sur un navire désemparé...

Or qu'ici finissent mes chants d'amour ! La source de mon inspiration est tarie, et ma lyre ne fait plus entendre que des plaintes...

TABLE DES SONNETS

SONNETS A LAURE VIVANTE

SONNETS A LAURE MORTE

Cette édition des SONNETS DE PÉTRARQUE a été décorée par M. MUNNÉ.

La traduction est l'œuvre de GINGUENÉ, revue par LANDRY.

Achevé
d'imprimer
le
10 Octobre 1913
par
TH. KAUFFMANN
Paris.

DÉJA PARU DANS LA MÊME COLLECTION :

OVIDE
L'ART D'AIMER

Ingenuus vincit superat

i

www.ingramcontent.com/pod-product-compliance
Lightning Source LLC
Chambersburg PA
CBHW060147100426
42744CB00007B/931